ECCO LE PROVE DI COME HANNO INCASTRATO MASSIMO GIUSEPPE BOSSETTI

PREMESSA

Come è noto, la ragazzina scomparve la sera del 26 novembre 2010 e venne ritrovata morta in un campo all'aperto in località Chignolo d' Isola (BG), il 26 febbraio 2011.

Secondo la pubblica accusa, la parte civile e i magistrati fino ad ora intervenuti in questo procedimento penale, ad ucciderla sarebbe stato Massimo Giuseppe Bossetti, un muratore della bergamasca, padre di tre bambini e fino a quel momento incensurato.

Quest'ultimo, notoriamente dedito solo al lavoro, alla casa e alla famiglia, secondo i magistrati, la stessa sera del 26 novembre 2010, avrebbe convinto, con qualche scusa, la ragazzina a salire a bordo del suo furgone, avrebbe quindi tentato una sorta di approccio finito male e, quindi, dopo nemmeno un'ora dall'avvenuto incontro, l'avrebbe lasciata agonizzante in un campo all'aperto, dove il corpo sarebbe rimasto per tre mesi, prima che, per caso, un cittadino bergamasco lo rinvenisse.

Le indagini genetiche sugli indumenti indossati dalla ragazzina iniziarono nel marzo 2011 e nel mese di maggio 2011 consentirono, mediante le classiche procedure di sopralluogo, catena di custodia dei reperti, estrazione, amplificazione e tipizzazione del profilo genotipico, di individuare, tra i diversi DNA rinvenuti, anche del materiale biologico attribuibile ad un soggetto che, secondo gli inquirenti, non può non assumere un particolare

1

interesse investigativo. Si riuscì, quindi, a tipizzare un profilo genotipico nucleare di un soggetto che, si sostiene, fino a quel momento (maggio 2011), era completamente ignoto nel panorama investigativo e ad egli si attribuisce, appunto, il nome di "ignotouno".

Nonostante gli investigatori, in quel momento storico, non avessero nessun elemento concreto che potesse determinare con certezza che ignotouno fosse un abitante del posto, decisero ugualmente di procedere con un prelievo a tappeto del DNA, nella speranza, ma, evidentemente, anche nella convinzione, che prima o poi sarebbero arrivati ad individuare ignotouno.

Nell'ottobre 2011, si arrivò così ad individuare colui il quale, con certezza scientifica assoluta, è il padre di ignotouno, ovvero tale Giuseppe Benedetto Guerinoni. Quest'ultimo è il padre biologico, ma non legittimo, del soggetto ignoto. Il soggetto ignoto è un figlio che Giuseppe Guerinoni ebbe con una donna all'epoca sconosciuta alle forze investigative e al di fuori del suo matrimonio.

Si decise, pertanto, di arrivare ad individuare anche la mamma dello stesso ignotouno, mediante l'estrazione del DNA mitocondriale da tre campioni analizzati in cui fu rinvenuto il DNA nucleare di ignotouno e, successivamente, mediante la comparazione di questo DNA mitocondriale, estratto dalla traccia denominata 31G20, con il DNA di determinate donne che, secondo gli inquirenti, potevano essere le potenziali mamme del soggetto ignoto.

Nel 2012 venne, quindi, prelevato il DNA anche alla signora Ester Azzuffi, così come ad altre 531 donne delle valli bergamasche.

Venne così comparato il DNA mitocondriale estratto dalla traccia in cui – secondo gli inquirenti – vi sarebbe dovuto essere il DNA

2

mitocondriale di ignotouno con quello appartenente alla sig.ra Ester, ma tale comparazione diede esito negativo. Nel 2012 la signora Ester non risultò essere la mamma di ignotouno.

Solo qualche anno dopo, si scoprirà che, in realtà, la sig.ra Ester non risultò essere la mamma di ignotouno a causa di un mero errore di comparazione, cioè nel 2012 si comparò non il DNA mitocondriale di ignotouno bensì il DNA mitocondriale di Y.G. con quello della sig.ra Ester (e con quello delle altre predette 531 donne): si pensò, in buona sostanza, che il DNA estratto dal campione 31G20 fosse il DNA mitocondriale del soggetto ignoto, quando invece, si scoprì, ma solo qualche anno dopo, che quello era il DNA mitocondriale della povera vittima (Il DNA mitocondriale del soggetto ignoto non fu mai rinvenuto, né nel campione 31G20, né negli altri due campioni analizzati).

Nonostante tale comparazione nel 2012 avesse dato esito negativo (quindi nonostante fosse fallito il tentativo di individuare la mamma del soggetto ignoto tra le 532 donne delle valli), nel 2014, per una ragione rimasta ancora sconosciuta (allo stato ancora non resa nota), gli investigatori ordinarono ai consulenti di provvedere nuovamente - ancora una volta - alla comparazione del DNA di ignotouno con quello delle 532 donne delle valli, ma questa volta non più attraverso il DNA mitocondriale, bensì attraverso il DNA nucleare dello stesso soggetto ignoto.

Secondo la versione ufficiale, si arrivò così ad individuare la sig.ra Ester Azzuffi quale mamma del soggetto ignoto e, il 14 giugno 2014, si riuscì ad identificare ignotouno in Massimo Giuseppe Bossetti (mediante una compatibilità elevatissima dei rispettivi profili genetici nucleari: 21 marcatori autosomici).

Si scoprirà, poi, che Massimo Giuseppe Bossetti è, effettivamente, figlio di Giuseppe Guerinoni ed Ester Azzuffi, così come lo stesso ignotouno è, in base a dati scientifici inoppugnabili (ovvero in base alla piena compatibilità e sovrapponibilità di ben 21 marcatori autosomici) il figlio biologico di Giuseppe Guerinoni ed Ester Azzuffi.

Non vi sono dubbi, pertanto, che Massimo Giuseppe Bossetti sia ignotouno e che sia, quindi, il figlio biologico di Giuseppe Benedetto Guerinoni ed Ester Azzuffi, così come, per le ragioni che esporrò di seguito, non vi sono dubbi che quello rinvenuto sulle mutandine sia il materiale biologico ad egli attribuibile.

Di primo impatto, quella del DNA, sembrerebbe quindi una "prova" schiacciante a carico dell'incensurato padre di famiglia, ma in realtà, come vedremo di seguito, non lo è affatto.

Ed infatti, il materiale biologico estratto dalla traccia 31G20, così come negli altri campioni biologici analizzati dal RIS di Parma, è sì il materiale biologico dell'odierno imputato, ma, con alto grado di credibilità razionale, appare davvero molto probabile che il suo deposito in quei vestiti analizzati (mutandine e leggins) non sia affatto contestuale alla dinamica omicidiaria, ma che sia stato dolosamente depositato sugli stessi indumenti poco tempo prima della sua estrazione, ovviamente prima del ritrovamento del corpo (dopo il ritrovamento del cadavere, come di prassi, gli indumenti in questione sono stati affidati agli inquirenti) e che sia stato depositato sui medesimi indumenti da chi lo ha voluto incastrare (il/gli assassini? Un suo nemico?).

Diversi elementi (soprattutto scientifici) fanno propendere proprio per questa ipotesi, e nel seguito, vi rappresenterò, uno dopo l'altro, tali evidenze, suffragate anche dalla cd prova logica, ma lo farò in modo assolutamente obiettivo, rimarcando sia gli elementi a favore dell'odierno imputato, ma anche confutando alcune ipotesi difensive che non ho mai pienamente condiviso.

CAPITOLO 1:
NECESSITA' DI UN CONSULENTE E DI UN DIFENSORE PRO-IGNOTO

Preliminarmente, però, preme evidenziare un aspetto molto importante, ma ovviamente sottaciuto da chi vi ha raccontato e vi continua a narrare questo caso giudiziario e di cronaca.

Da più parti, ormai, si parla della proposta di introduzione, nel nostro ordinamento processual-penalistico, e in una prospettiva *de iure condendo*, delle figure professionali del difensore e del consulente pro-ignoto. Queste ultime erano addirittura contemplate fin dai tempi del Codice Zanardelli. Dal Codice Rocco in poi, la giurisprudenza penale, giorno dopo giorno, e anno dopo anno, ha pensato bene di uniformarsi al principio dell'atto di fede: una sorta di fiducia incondizionata, e a prescindere, sull'operato dei corpi di Polizia Giudiziaria.

Ora, se è pur vero che il 99,9999999999999999999999999% dei carabinieri, poliziotti, ecc. opera sempre con notevole professionalità, competenza e capacità, come in tutti i mestieri del mondo, è ipocrita non pensare che, talvolta, possa anche esserci quello 0,0000000000000000000000001% di investigatori che, in determinate circostanze, possa compiere, in totale buona fede, qualche errore fondamentale, decisivo per le sorti dell'indagato di turno.

Il caso Bossetti è perfettamente calzante come esempio e se ne può parlare perché è il caso che, per eccellenza, potrebbe essere

5

studiato nelle università per i prossimi decenni, perché, meglio di tutti gli altri, ha rappresentato e rappresenta i mali, i difetti e le connotazioni della giustizia made in Italy.

Ed infatti, in questo procedimento penale, nell'anno 2011, non si stava procedendo contro ignoti ma c'era un fascicolo aperto a carico di tale Mohammed Fikry. Quest'ultimo fu fermato nel dicembre del 2010 e la sua posizione venne archiviata solo molti anni dopo.

Il PM, nell' anno 2011, ex art 359 o ex 360 c.p.p. ("*accertamenti tecnici non ripetibili*"), avrebbe, quindi, dovuto notiziare l'allora indagato Fikry, nonché la persona offesa dal reato (la famiglia della vittima) affinché costoro potessero presenziare durante le varie fasi delle analisi genetiche che poi, all'epoca, consentirono di tipizzare il profilo genotipico denominato "ignotouno". Ma, anziché procedere in tal senso, quindi anziché consentire che tale prova decisiva si formasse nel rispetto del principio del mini-contraddittorio garantito da tale norma, il PM, decise di voler procedere, ex art 370 c.p.p., ovvero delegando alla Polizia Giudiziaria (RIS di Parma) l'espletamento di tali accertamenti tecnici. Non è stato quindi garantito, così come si sarebbe dovuto fare in base alle prescrizioni del codice di procedura penale, di far partecipare a queste analisi genetiche l'allora indagato Fikry e la famiglia della vittima, i quali, pertanto, non hanno potuto partecipare alla formazione di questa "prova" che poi si è rivelata essere decisiva nei confronti di Massimo Giuseppe Bossetti. La "prova" si è quindi formata alla sola presenza dei carabinieri del RIS di Parma (delegati dal PM).

Ma vi dirò di più, nonostante il mancato rispetto delle prescrizioni impartite dal codice di procedura penale, i risultati di tali accertamenti tecnici, non solo sono stati utilizzati nell'ambito delle *"procedure de libertate"* (ovvero sono stati ritenuti validi, dalla stessa Suprema Corte, nell'ambito del giudizio cautelare, per sopraggiungere all'adozione della misura custodiale intramuraria nei confronti dell'indagato Massimo Giuseppe Bossetti) ma sono altresì confluiti nel fascicolo del dibattimento e hanno contribuito in maniera determinante alla doppia conforme presso l'Assise di Bergamo e l'Assise e di Appello di Brescia (ergastolo).

Ora, sia ben chiaro, l'assunto, fatto proprio finanche dalla Suprema Corte nell'ambito del giudizio cautelare, in base al quale la mancanza della formazione della prova in contraddittorio (nel "mini-contraddittorio", ex art 360, c.p.p.) non avrebbe affatto inficiato la posizione dell'odierno imputato (in quanto all'epoca egli non era formalmente indagato) e, pertanto, l'asserzione alla cui stregua di tale violazione del codice di rito se ne potrebbe dolere solo l'allora indagato (o tuttalpiù, la persona offesa dal reato) appare, a ben vedere, priva di pregio alcuno.

Ed infatti, sapete cosa sembra del tutto evidente?

Laddove tale "prova" (quella del DNA di ignotouno) si fosse formata nel rispetto dell'art 360 c.p.p. (quindi garantendo alla famiglia della vittima e all' allora indagato Fikry di poter partecipare alle analisi genetiche), oggi Massimo Bossetti, molto probabilmente, non sarebbe ristretto in regime di custodia cautelare (e, ovviamente, non sarebbe stato condannato all'ergastolo), perché, laddove fossero stati presenti i genetisti di parte, questi ultimi avrebbero avanzato le medesime perplessità che già avevano abbondantemente evidenziato gli stessi RIS di Parma prima e la Polizia scientifica dopo e, quindi, molto probabilmente, tali ultimi consulenti si sarebbero accorti che quel

7

materiale biologico dal quale è stato tipizzato il profilo nucleare "ignotouno" (che poi ha portato all'individuazione di Massimo Giuseppe Bossetti) era frutto di contaminazione dolosa ad opera di ignoto/i, in quanto, per la straordinaria, eccellente e pregevole qualità e quantità dello stesso, era ed è da escludersi che lo stesso possa essere rimasto per 3 (dicasi tre) lunghi mesi all'aperto, agli attacchi degli agenti atmosferici e dei liquidi del corpo in decomposizione.

Laddove si fosse garantita la partecipazione di queste figure professionali, l'errore, commesso in buona fede nella fase di analisi dei reperti, di non accorgersi che si era al cospetto di indumenti contaminati, molto probabilmente non sarebbe stato commesso, in quanto la presenza degli illustri genetisti di parte, avrebbe, con ottime probabilità, consentito di accertare immediatamente l'avvenuta contaminazione.

Ecco, pertanto, l'importanza del rispetto delle regole ed ecco l'importanza del rispetto del fondamentale principio del contraddittorio, soprattutto nelle fasi della formazione della prova.

Lo stesso discorso vale, ovviamente, quando si procede (perlomeno formalmente) non a carico di noti ma a carico di ignoti.

Anche in quest'ultimo caso, in una prospettiva, come si suol dire, *de iure condendo*, occorrerebbe fornire al futuro eventuale indagato/imputato tutte le garanzie derivanti dal contraddittorio, (mediante la nomina d'ufficio di un difensore e di un eventuale consulente pro-ignoto) in modo tale che quella stessa prova, formatasi in sua assenza, possa poi essere utilizzata contro di lui non dovendo poi egli necessariamente fare, verso questa prova medesima, così formatasi, un atto di fede, continuando, negli anni e nei secoli a venire, ad implorare chissà quale divina e misericordiosa provvidenza.

Ma vediamo ora, in base a quali elementi appare molto probabile che si sia al cospetto di un DNA dolosamente depositato negli indumenti della vittima.

CAPITOLO 2:
GLI STUDI, ACCLARATI DALLA COMUNITA' SCIENTIFICA INTERNAZIONALE, GRAZIE AI QUALI ASSUME ASSOLUTA CONSISTENZA L'IPOTESI DELLA CONTAMINAZIONE DOLOSA

Un DNA rimasto per tre mesi agli attacchi degli agenti atmosferici e dei liquidi del corpo in decomposizione (questo è quanto sostengono i giudici in relazione al DNA di ignotouno , rimasto, secondo costoro, per tre mesi negli indumenti della vittima, in un campo all'aperto nel nord Italia: dal 26 novembre 2010 al 26 febbraio 2011) sarebbe dovuto essere completamente degradato, a tal punto che, addirittura, nemmeno si sarebbe potuto identificare il suo "proprietario", ovvero, tuttalpiù, sarebbe dovuto comunque risultare abbondantemente degradato (dato inoppugnabile, confermato dalla comunità scientifica internazionale).

Tra i diversi studi in proposito, si provi a leggere lo **studio effettuato da Raymond** - in cui si rileva la **persistenza del DNA all'aperto per un periodo massimo 6 settimane** (dicasi, sei settimane) - o, tra gli altri, anche lo **studio sperimentale condotto da Charly Parker** relativo alla persistenza di DNA da fluidi biologici (sangue, liquido seminale, urina, ecc) su traccia forense esposta in modo non protetto all'ambiente (e quindi anche alla pioggia e alla neve). Tale ultimo studio ha rilevato che, **in tutti i casi analizzati (e sottolineo tutti)**, a distanza di sole 4

9

settimane (dicasi, quattro settimane) **dal deposito non si è riusciti a tipizzare alcun profilo genetico nucleare**.

Un ulteriore dato di assoluto rilievo, relativo a tale esperimento, è che lo studio ha valutato anche i tempi di persistenza e rilevabilità di alcuni dei principali loci STR con quelli dei marcatori mRNA utilizzabili per la diagnosi di origine della traccia.

Bene, le evidenze sperimentali sono state tali che con profili di DNA nucleare ancora validi e interpretabili anche i marcatori mRNA sono risultati essere perfettamente tipizzabili, permettendo quindi la conferma dell'origine della traccia. (Pertanto, non si riesce affatto a comprendere come sia possibile che, a fronte di un DNA di così ottima quantità e qualità – quello di ignotouno –, non si sia riusciti nemmeno a capire la natura del materiale biologico analizzato). L'articolo citato ("*The Relative Recoverability od DNA and RNA Profiles from Forensically Relevant Body Fluids Stains*") lo si trova a questo indirizzo pubblico:

http://etd.fcla.edu/.../CFE.../Parker_Charly_C_201105_MS.pdf.

Orbene, nonostante gli studi dianzi evidenziati siano assolutamente chiari, espliciti, nonché corroborati dalla stessa comunità scientifica internazionale, nemmeno nei primi due gradi di giudizio, ci si è posti il problema di come sia possibile che il DNA di ignotouno sia risultato essere di così "ottima", "eccezionale" "quantità" e "qualità"; prova evidente che qualcuno (ovviamente prima del ritrovamento del corpo) ha dolosamente depositato negli indumenti della vittima il DNA di ignotouno poco tempo prima che lo stesso venisse estratto ad opera dei RIS di Parma, nel mese di maggio 2011).

Quel DNA era in quegli indumenti da pochissimo tempo prima della sua estrazione e non è certo rimasto per tre mesi (12 settimane) all'aperto, di inverno, nel nord Italia (tesi sostenuta dall'accusa e dai giudici).

CAPITOLO 3:
LA RELAZIONE DEL RIS DI PARMA E LE DICHIARAZIONI RESE DALLA POLIZIA SCIENTIFICA IN CUI SI MANIFESTA STUPORE, INCREDULITA' E MERAVIGLIA PER L' ABBONDANTE QUANTITA' E LA PREGEVOLE QUALITA' DEL DNA DI IGNOTOUNO

Ad ulteriore dimostrazione dell'ipotesi dolosa, si ponga particolare attenzione alla relazione posta in essere, sin da subito (cioè sin dal 2011), da coloro i quali hanno proceduto alle analisi genetiche, ovvero dall'unico laboratorio che si è occupato dell'estrazione, dell'analisi e della tipizzazione del profilo nucleare denominato ignotouno, nonchè alle dichiarazioni rese, successivamente, anche dalla Polizia scientifica (riporto testualmente).

Relazione RIS di Parma, anno 2011, periodo conclusivo:

"*Alla luce delle premesse anzidette, una logica prettamente scientifica, che tenga conto dei non pochi parametri che si è tentato di sviscerare in questa sede, non consente di diagnosticare in maniera INEQUIVOCA le tracce lasciate da ignotouno sui vestiti di Y.*"

Relazione RIS di Parma, anno 2011 (pag. 287):

"*appare QUANTO MENO DISCUTIBILE come ad una DEGRADAZIONE PROTEICA DELLA TRACCIA non sia seguita una degradazione del DNA*".

Dott.ssa Asili, Polizia scientifica:

"*SINCERAMENTE, quando lo abbiamo visto abbiamo esclamato, non pensavo ci fosse una QUALITA' DI RISULTATO IN QUESTA MANIERA. Abbiamo addirittura commentato che sembrava un*

11

tampone salivare, perché *ERA VERAMENTE* di una natura e di una *QUALITA' VERAMENTE PREGEVOLE*. Difficilmente noi nei campioni forensi, siamo soliti vedere tante tipologie di campioni, ma *UN CAMPIONE DEL GENERE NEL FORENSE NON E' FACILE DA RITROVARE*, a meno che non sia un tampone salivare, una traccia molto ricca in concentrazione di DNA, perché normalmente *QUALITA'* e *QUANTITA'* di DNA non è solamente un fatto di *QUANTITA'*, ma anche proprio di *QUALITA'* del dato, perché uno può avere anche una *CONCENTRAZIONE GRANDE di DNA*, ma avere comunque un *DNA CHE HA SUBITO UN PROCESSO DI DEGRADAZIONE* e quindi la *QUALITA'* del dato potrebbe anche non essere."

CAPITOLO 4:
RELAZIONE DEL PROF GILL, GENETISTA TERZO, TRA I NUMERI UNO A LIVELLO MONDIALE, DEFINITO IL PADRE MONDIALE DELLA GENETICA FORENSE, ANNO 2017:

Come se non bastasse, ad ulteriore dimostrazione della manipolazione della prova del DNA, ecco qui di seguito parte delle dichiarazioni rese dal Prof Gill nella sua relazione.

Questa ultime sono state depositate agli atti del processo, mercé i motivi aggiunti, nel ricorso in appello.

In relazione al punto specifico, ecco parte di tali dichiarazioni rese dall'illustre padre della genetica forense:

"Mi è stato chiesto di esaminare la probabilità di ottenere i risultati del DNA da materiale che è stato lasciato fuori all'aperto per un periodo di tre mesi. Ci sono state alcune ricerche sulla persistenza del DNA. In particolare, Raymond ed altri hanno mostrato che il DNA NON POTEVA ESSERE RECUPERATO DOPO UN

PERIODO DI SEI SETTIMANE quando è depositato su superfici esterne. *Si noti che l'esperimento è stato effettuato nei mesi estivi in Australia e ci possono essere differenze osservate alle condizioni del nord Italia in inverno. Tuttavia, è chiaro che il DNA* **PERSISTERA' PER PERIODI DI TEMPO MOLTO PIU' LUNGHI SE CONSERVATO IN CONDIZIONI SECCHE"**.

CAPITOLO 5:
APPROFONDIMENTI SCIENTIFICI E GIURIDICI: ULTERIORI EVIDENZE CHE FANNO PROPENDERE PER L' IPOTESI DELLA MANIPOLAZIONE DOLOSA DEL DNA

Avendo acquisito diversi pareri da alcuni genetisti forensi (essi si non di parte e, quindi, obiettivi e imparziali), e dopo aver letto la sentenza di primo grado, alcuni atti difensivi, nonché dell'ulteriore carteggio processuale e procedimentale, ritengo di poter ragionevolmente affermare che vi siano, oltre a quelli già rappresentati, ulteriori elementi, di carattere scientifico e non, che inducono a ritenere che questa ipotesi sia comprovata e, donde, seriamente da prendere in considerazione.

1) E' noto che nella traccia biologica mista denominata 31G20 il DNA nucleare della vittima è risultato essere fortemente degradato, mentre quello di "Ignotouno" altamente cellularizzato, di ottima qualità e quantità; circostanza, questa, asseritamente anomala che fa propendere per il deposito NON contestuale dei rispettivi materiale biologici.

2) Nella loro relazione, i RIS di Parma, a pag 287, rilevano che "*appare quantomeno discutibile come ad una degradazione proteica della traccia non sia seguita una degradazione del DNA*".

Sono gli stessi RIS, quindi, a nutrire evidenti perplessità in ordine alla circostanza che la traccia risultava essere totalmente

13

degradata a livello proteico (tanto è vero che NON è stato nemmeno possibile, se non per esclusione, risalire al fluido di appartenenza) a fronte di un profilo genetico nucleare ("Ignotouno") che, invece, risultava essere stato estratto da materiale biologico fortemente cellularizzato, di ottima quantità e qualità. Anche questa circostanza fa in assoluto propendere per la conclusione che quel frammento di materiale biologico rinvenuto in quella traccia presentasse caratteristiche peculiari, piuttosto anomale.

3) Generalmente, nelle tracce biologiche (ancorché degradate) è molto più probabile che si riesca a ricavare gli aplotipi mitocondriali di determinati soggetti e NON i profili genetici nucleari agli stessi appartenenti, in quanto è fin troppo noto, nella letteratura scientifica, che la capacità di resistenza del DNA mitocondriale (in riferimento agli attacchi degli agenti atmosferici e dei liquidi del corpo in decomposizione) è nettamente superiore alla capacità di resistenza del DNA nucleare. Ebbene, nelle tracce di interesse investigativo, in cui è stato estratto il DNA nucleare "Ignotouno", inspiegabilmente, in seguito alle analisi a tal fine espletate, non è stato possibile ricavare lo stesso DNA mitocondriale dello stesso "Ignotouno". Questo INSPIEGABILE fenomeno scientifico si è verificato NON in una ma in ben tre campioni biologici analizzati dai quali, in precedenza, si era già ricavato il profilo genetico nucleare denominato "Ignotouno".

4) Dal punto di vista scientifico, vi sono diverse spiegazioni che astrattamente possono giustificare il NON rinvenimento di un aplotipo mitocondriale in tracce miste e degradate (ancorchè, la traccia in questione - la 31G20 - la si voglia ritenere mista, ma, nella specie, il dato è assolutamente controverso) in cui è stato

14

rinvenuto il profilo genetico nucleare appartenente allo stesso soggetto (le stesse vengono analiticamete illustrate anche dal prof Previderè nella sua relazione depositata agli atti), ma, in concreto, nessuna di queste giustificazioni, valide sul piano squisitamente epistemologico, si attaglia al caso di specie: più nel dettaglio, secondo i RIS di Parma la traccia 31G20, dalla quale è stato ricavato il profilo genotipico nucleare denominato "Ignotouno", NON è risultata essere positiva al liquido seminale né, tanto meno, alla saliva. Per esclusione si è accertato che questo fluido fosse sangue. Come osservato dallo stesso prof. Previderè nella precitata relazione, nella letteratura scientifica, allo stato attuale, NON è data riscontrare alcuna ipotesi in base alla quale in una traccia biologica mista (ancorché degradata) il sangue misto a sangue comporti la scomparsa in tutti i punti analizzati (e sottolineo tutti) dell'aplotipo mitocondriale di un soggetto di cui, nei medesimi punti, viene rinvenuto il profilo genotipico nucleare.

Ergo, in letteratura, in casi analoghi al caso di specie, pare non esserci alcuna spiegazione squisitamente epistemologica a tale fenomeno: riferiscono gli esperti in materia che la regola è che in ogni traccia biologica mista (ancorché degradata), in seguito alle relative analisi a tal fine espletate, se si riesce a ricavare il profilo genetico nucleare di un determinato soggetto (ignotouno) a maggior ragione (visto i differenti tempi di degradazione), nella medesima traccia, non si può non ricavare anche l'aplotipo mitocondriale appartenente allo stesso soggetto (Ignotouno) . Come evidenziato nella sua relazione dallo stesso prof. Previderè, vi sono solo alcune eccezioni a tale regola generale, ma tutte, in quanto tali, sono corroborate dalla comunità scientifica (ovvero, vi sono studi scientifici nazionali e internazionali che confermano tale eccezione, giustificandola sul piano scientifico) e nessuna di tali eccezioni può essere applicata al caso in esame.

Sembra d'obbligo evidenziare che affinché un'eccezione ad una regola scientifica possa considerarsi tale essa necessita, inesorabilmente, delle relative conferme da parte della comunità scientifica: in altri termini, se non vi sono studi nazionali o internazionali che giustifichino un determinato evento che si ritiene essersi estrinsecato nella realtà fenomenica, lo stesso evento non può assumere alcuna valenza epistemologica, cioè non può essere ritenuto come un'eccezione alla regola e, in riferimento a quello stesso fenomeno (asseritamente) concretizzatosi "in rerum naturae", in realtà, non può non trovare applicazione la regola generale.

Allo stato, nella comunità scientifica, in casi analoghi al caso in esame, non vi è alcuno studio nazionale o internazionale che possa fornire, da un punto di vista squisitamente gnoseologico e scientifico, delle razionali spiegazioni alle predette mortificazioni e lapidazioni delle leggi della natura.

5) È emerso processualmente che Y.G. e Massimo Bossetti non si sono mai conosciuti, appartenevano a due mondi completamente diversi. E' stato accertato che i due non si sono mai scambiati telefonate, messaggini, mail, ecc. Che non si siano mai conosciuti è un dato pacifico, evidenziato anche dalla parte civile e dagli stessi magistrati.

6) È evidente come non vi sia alcun razionale movente che possa legare Massimo Giuseppe Bossetti al delitto ascrittogli.

Nei processi indiziari, la causale omicidiaria, secondo l'impostazione maggioritaria, è da considerarsi come il "collante che unisce i vari elementi indizianti" ed appare piuttosto complicato poter inferire che, in questo procedimento penale, il movente del delitto sia stato individuato al di là di ogni ragionevole dubbio.

7) Oltre a questo DNA (che, quindi, presenta notevolissimi margini di dubbio), come chiarito anche dalla Corte di Assise di Bergamo, oltre che dai vari giudici intervenuti nell'ambito delle *"procedure de libertate"*, non vi è alcun ulteriore significativo elemento indiziario a carico dell'imputato.

Perfino di quel famoso furgone che, stando all'avvincente telefilm propinatoci per circa un anno dai media nazionali, avrebbe girato, a caccia della sua preda, intorno alla palestra per circa un'ora, adesso non vi è più traccia (è sparito dalla scena), avendo la Corte di primo grado sostanzialmente riconosciuto che nessuno dei furgoni immortalati dalle telecamere possa essere ricondotto a quello che era in uso a Massimo Giuseppe Bossetti, perché appare oltremodo evidente che, come provato in dibattimento dallo stesso collegio difensivo, trattasi di furgoni molto diversi e, per tale motivo, è stata ritenuta superflua anche la relativa perizia che ne confermasse ulteriormente la non attribuibilità.

Orbene, viste le considerazioni di cui sopra, ora una domanda sembra più che opportuna: può un uomo essere condannato all'ergastolo in base ad un unico elemento probatorio (quello del DNA) che presenta una molteplicità di anomalie assolutamente non spiegabili (se non con l'ipotesi che lo stesso DNA sia stato depositato negli indumenti della vittima, ad opera di ignoto/i, poco tempo prima della sua estrazione) e senza che vi siano ulteriori significativi elementi indiziari a suo carico? Può bastare unicamente il DNA? Questo DNA?

Ed ecco, allora, che, per rispondere al quesito dianzi prospettato, tornano alla mente i preziosi insegnamenti delle autorevoli voci dottrinali (Federico Stella, Tonini, Marinucci, Dolcini, Mantovani, Fiandaca) che grande attenzione hanno dedicato al rapporto tra diritto e scienza, segnatamente al rapporto tra il dato statistico (emergente dalla legge scientifica di copertura rilevante nel caso concreto) e le ulteriori evidenze probatorie acquisite nel contraddittorio tra le parti: il dato scientifico - si assume - va sempre calato nella realtà processuale (o procedimentale) onde verificare che esso venga corroborato o frustrato dalle ulteriori emergenze e che non vi siano interferenze di decorsi causali alternativi che possano spiegare razionalmente un determinato evento. Il richiamo a due pronunce specifiche della Suprema Corte, operato dalla Corte nella sentenza di primo grado, nella specie, non appare appropriato. Secondo l'impostazione in assoluto maggioritaria, fatta propria finanche dalla Cassazione a Sezioni Unite ("sentenza Franzese"), oltre che dalla dottrina maggioritaria, occorre, infatti, ragionare non solo in termini di probabilità statistica ma anche in termini di probabilità logica: il dato scientifico (nonché l'elemento indiziante da esso ricavato) da solo non può essere sufficiente e non può portare né ad una sentenza di condanna né, tanto meno, all'adozione di una misura custodiale, ma, a tal fine, deve essere sempre e comunque accompagnato da ulteriori elementi indiziari, in modo tale che si possa pervenire ad un giudizio di colpevolezza con alto grado di credibilità razionale e, quindi, al di là di ogni ragionevole dubbio.

Alla stregua di tutte le considerazioni che precedono, in qualità di cittadino di questo meraviglioso Paese, mi sarei auspicato seriamente che, in fase di appello, si fosse concesso al collegio difensivo la possibilità di poter ripetere le analisi genetiche su questi famigerati reperti e che si fosse fatta finalmente luce su tali

18

aspetti scientifici. Solo con la concessione della perizia si sarebbe potuto sgombrare il campo da questa ipotesi che appare inquietante ma quanto mai realistica.

Appare, pertanto, evidente come si stia continuando a perpetrare un gravissimo *vulnus* ai diritti costituzonali di quest'uomo, ormai da diversi anni, e non può di certo sottacersi come si sia al cospetto del caso di malagiustizia forse più eclatante verificatosi nella storia giudiziaria del nostro Paese.

CAPITOLO 6:
BOSSETTI, NEL PANORAMA INVESTIGATIVO, ERA NOTO A QUALCUNO SIN DAL 2010/2011?

Ormai, da più di tre anni, sento parlare a tamburo battente e incessantemente di aspetti che non dovrebbero assumere alcun rilievo, nemmeno processuale: lampade abbronzanti, la vagina della Gina, ricerche pornografiche, amanti, calce e struzzo, fratellastri, gemelli omozigoti, quintali di sabbia e fatture nascoste, e, da ultimo, ora anche di immagini satellitari. Bene, pur essendo anche io molto appassionato di satelliti, mi chiedo, piuttosto, come mai si sia fatta passare come pacifica una circostanza che, a mio avviso, pacifica non lo è affatto.

Infatti, un dato, a mio modo di vedere abbastanza interessante, è stato sin da sempre sottaciuto, eppure tale dato forse potrebbe essere di rilievo, in quanto, ove confermato, potrebbe determinare tutta un'altra storia rispetto a quella raccontataci dai media ed emersa al processo.

Pur dando per scontato che Massimo Giuseppe Bossetti, per la stragrandissima maggioranza degli inquirenti, fosse sconosciuto prima del 14 giugno 2014 (giorno della comparazione tra il suo

DNA e quello di ignotouno, ovvero due giorni prima del suo fermo avvenuto il giorno 16 giugno 2014), mi chiedo (ma il medesimo quesito se lo pongono in tanti), fin da quando Massimo Giuseppe Bossetti era noto, anche solo nell'ambito di una cerchia ristrettissima di soggetti appartenenti ad un qualsiasi corpo di Polizia Giudiziaria e, ovviamente, anche all'insaputa di tutti gli altri?

Sia ben chiaro, un' eventuale scelta investigativa di non rilevare che taluni erano già al corrente di questo nome e sin dal 2010/2011 è una scelta che appare del tutto legittima e, da un certo punto di vista, anche apprezzabile: gli inquirenti non sono certo tenuti a rilevare, nell'ambito del segreto istruttorio prima e in fase processuale dopo, come hanno deciso di muoversi e quali scelte operative hanno ritenuto di dover adottare in fase di indagini preliminari, ma è evidente che nessuno vieta al collegio difensivo di contestare un dato, non facendolo acquisire come pacifico, quando vi sono molteplici evidenze che depongono proprio in senso contrario.

In buona sostanza, non vi è alcuna certezza che, prima del 14 giugno 2014, Massimo Giuseppe Bossetti fosse sconosciuto a tutte le centinaia di soggetti che hanno operato nell'ambito delle indagini preliminari, anzi, vi sono diversi elementi dai quali presumere (e quindi desumere) che egli sconosciuto non lo fosse affatto e sin dal 2011, perlomeno in una cerchia ristrettissima di soggetti.

Vediamone solo alcuni, ma ce ne sono anche altri:

1) le telecamere - soprattutto quelle di via dei Caduti - immortalano un furgoncino praticamente identico al suo che passa dalla palestra proprio in un'ora di assoluto interesse investigativo, cioè

20

quando la povera ragazzina era intenta ad uscire dalla palestra. Gli inquirenti, ovviamente, disponevano di queste immagini sin dal 2010/2011. Solo in dibattimento (in contraddittorio) si scoprirà che quel furgoncino probabilmente non è il suo, ma nel 2010/2011, quelle immagini possono aver tratto in inganno qualcuno, il quale, sin dall'epoca, può essersi fortemente convinto che quello stesso furgoncino appartenesse a Massimo Giuseppe Bossetti.

2) Diversi soggetti (tra cui anche il papà della vittima), escussi a sommarie informazioni, nel 2010 parlano di un furgone sospetto sfrecciare ad alta velocità in quell'ora e in quella strada. Anche questo elemento, incrociato con quello di cui al punto 1), può aver influenzato taluno, e sin dall'epoca.

3) Il cellulare di Bossetti era tra le 120.000 utenze attenzionate dagli inquirenti. Il dato è pacifico.

4) Gli inquirenti, sin dal 2010/2011, anche a seguito dell'autopsia effettuata dalla dott.ssa Cattaneo, cercavano uno o più muratori, quali soggetti di particolare interesse investigativo. Bossetti è un muratore.

Orbene, in dibattimento si è poi scoperto che tutti questi dati (punti da 1) a 4) erano e sono solo suggestioni, in quanto tutti questi asseriti indizi di colpevolezza (**effettivamente PORTATI IN DIBATTIMENTO DALLA PUBBLICA ACCUSA**) sono stati **non riconosciuti tali dal giudice nella sentenza**.

Purtuttavia, incrociando i medesimi dati, che a quell'epoca non potevano non essere considerati di assoluto interesse investigativo, il nome di Massimo Bossetti (figlio legittimo di Giovanni Bossetti ed Ester Azzuffi) sarebbe potuto venire a galla nel giro di pochissimi giorni e con una facilità oserei dire estrema, imbarazzante.

21

In questo procedimento penale, nella fase delle indagini preliminari, hanno operato le migliori forze investigative di questo Paese. Incrociando questi dati, anche i più giovani e inesperti militari dei carabinieri alle primissime armi sarebbero arrivati immediatamente ad individuare Massimo Giuseppe Bossetti quale persona di particolare interesse investigativo, da attenzionare. E' impensabile che non lo abbia fatto nessuno (anche solo due/tre soggetti) appartenenti ai migliori corpi investigativi al mondo.

Ora, se Bossetti fosse stato effettivamente noto a parte degli inquirenti sin dal 2010/2011 (anche solo in una cerchia ristrettissima di essi), questo dato non implicherebbe di certo nulla di particolarmente rilevante, ma, evidentemente, delineerebbe tutta un'altra storia, rispetto a quella raccontataci dai media ed emersa al processo.

Anche l'accusa non dispone di prove dirette contro Bossetti, ma solo di indizi. Gli indizi (così come le prove dirette) possono essere non solo a carico (a sostegno della tesi accusatoria) ma anche a discarico (a sostegno della tesi difensiva). Quello che a molti professionisti del diritto (ma anche a tanti avvocati) non è ancora molto chiaro è che il procedimento inferenziale (abduzione, deduzione, induzione, analogia) attraverso il quale si parte da un fatto noto (per esempio, morte della ragazzina) e si tenta di arrivare ad un fatto ignoto (è stato il soggetto X ad ammazzarla; NON è stato il soggetto X ad ammazzarla) può (anzi dovrebbe) essere utilizzato non solo dall' accusa (pubblica o privata) ma anche dalla difesa. Gli indizi altro non sono che prove indirette, ovvero elementi attraverso i quali si parte da un fatto noto e si arriva, mediante PRESUNZIONI, a provare un fatto ignoto. Mentre le prove dirette afferiscono direttamente al fatto oggetto di prova (basta un solo passaggio logico per provare il fatto oggetto di dimostrazione), l'indizio necessita di almeno un passaggio logico in più per provare il medesimo fatto.

Per esempio: se un testimone dice di aver visto Tizio che spara un colpo di pistola contro Caio, questo test, ascoltato in dibattimento, ove la testimonianza sia davvero ritenuta attendibile e veritiera, diventa PROVA diretta contro Tizio, perché, mediante il procedimento inferenziale, è fin troppo noto che basta un solo passaggio logico per poter sostenere che se Tizio ha sparato un colpo di pistola contro Caio allora è stato Tizio ad ammazzare Caio. Se, invece, un testimone sostiene in dibattimento di aver visionato attraverso le immagini delle telecamere un camioncino identico a quello di Massimo Bossetti aggirarsi nei pressi della palestra, proprio nell'ora di maggiore interesse investigativo, allora questo dato, ove confermato nello stesso dibattimento, deve essere considerato non una prova diretta del fatto che egli abbia potuto uccidere la ragazzina ma un indizio a carico. In questo ultimo esempio, a differenza della prova diretta, i passaggi logici da fare sono due: se Bossetti si è aggirato intorno alla palestra e perché, PRESUMIBILMENTE, aveva intenzione di incontrare la ragazzina; se aveva intenzione di incontrarla, poi, PRESUMIBILMENTE, l'ha incontrata e PRESUMIBILMENTE l'ha invitata a salire sul furgone e, quindi, anche se non vi sono prove dirette, PRESUMIBILMENTE, poi l'ha uccisa.

Come è facilmente intuibile, l'indizio necessita di un doppio passaggio logico (talvolta triplo e, come nella specie, anche quadruplo) per dimostrare il medesimo fatto oggetto di prova. Bene, questo medesimo procedimento inferenziale lo si può utilizzare non solo per PRESUMERE (e quindi provare) il coinvolgimento di determinati soggetti in un qualsivoglia delitto (indizio a carico), ma anche per provare ulteriori fatti processualmente rilevanti (anche a discarico, cioè a favore dell'indagato/imputato di turno).

Traduco: così come la pubblica accusa ha utilizzato elementi indiziari per PRESUMERE che Bossetti abbia ucciso la povera ragazzina (non disponendo di prove dirette), anche il difensore, non disponendo di prove dirette, può (anzi, dovrebbe) utilizzare sempre elementi indiziari per PRESUMERE fatti a favore del suo assistito, per esempio, che Bossetti fosse già noto, anche solo in una cerchia ristrettissima di forze di Polizia Giudiziaria, sin dal 2010/2011. (Sempre ammesso che questo elemento possa essere ritenuto rilevante e a favore dell'odierno imputato).

Ancorché in giurisprudenza vi sia discordanza di opinioni, in dottrina appare quanto mai pacifico come anche il DNA debba essere considerato un indizio e non una prova diretta perché, anche nel caso in esame, il DNA non ci rivela che l'odierno imputato ha ucciso, ma ci rivela solamente che quel suo materiale biologico si trovava negli indumenti intimi della ragazzina, ma, come sopra ampiamente dimostrato, vi sono diverse evidenze dalle quali desumere (e non semplicemente presumere) che questo stesso materiale biologico sia finito su quegli indumenti per altre ragioni per nulla afferenti alla dinamica omicidiaria.

Orbene, così come la pubblica accusa non dispone di prove per dimostrare che Y.G. è stata uccisa da Massimo Bossetti (ma solo di indizi, ovvero di PRUSUNZIONI attraverso le quali da un fatto noto si vuol dimostrare un fatto ignoto) così, alla stessa stregua, la difesa non dispone di prove dirette ma solo di indizi per dimostrare, per esempio, che parte degli inquirenti (anche solo in

24

pochissimi) erano già arrivati nel 2010/2011 ad individuare Massimo Giuseppe Bossetti quale soggetto di particolare interesse investigativo. In buona sostanza, non si comprende affatto perché la pubblica accusa avrebbe la facoltà di dimostrare fatti processualmente rilevanti anche mediante semplici PRESUNZIONI (ovvero tramite indizi) mentre la difesa, sempre mediante PRESUNZIONI, non possa fare altrettanto, ma debba necessariamente munirsi di prove dirette: così, in questi termini, si arriva a sostenere che siccome non vi sono prove che Bossetti fosse noto sin dal 2010/2011, allora tale dato lo si deve acquisire come pacifico e, addirittura, non lo si può nemmeno contestare.

A ben vedere, il procedimento inferenziale dovrebbe poter essere utilizzato tanto dalla difesa quanto dall'accusa, a meno che, in una prospettiva *de iure condendo*, non si elimini, una volta per tutte, la possibilità di dimostrare un fatto processualmente rilevante anche attraverso indizi, ma solo tramite prove dirette. Ma fino a quando il processo indiziario non verrà eliminato dallo scenario dell'ermeneutica processual-penalistica, anche per una ragione di parità processuale delle parti (così come postulata dal codice di rito), è bene che si impari ad utilizzare il procedimento logico, non solo per assumere indizi a carico, ma anche per assumere indizi a discarico.

Mi rendo conto che, da sempre, tale approccio metodico è molto più in uso ai magistrati che agli avvocati (i magistrati hanno notevolmente approfondito i loro studi giuridici e conoscono, in modo analitico, la tecnica dell'induzione, abduzione, deduzione ed analogia) ma la speranza è che, un giorno, tale metodica di valutazione del materiale processualmente rilevante divenga in

25

uso a tutti gli operatori del diritto e non solo ai magistrati e (in ambito accademico) ai docenti universitari.

Oggi, in una prospettiva *de iure condito*, davvero pochissimi difensori si avvalgono del cd indizio a discarico e la stragrandissima maggioranza di essi (così come l'opinione pubblica) sono assolutamente convinti che senza prove dirette non sia possibile provare un fatto a favore del proprio assistito.

Detto questo, come già in precedenza abbondantemente chiarito, allo stato, permane il dubbio (visto che tale punto non è mai stato approfondito o anche solo accennato da nessuna delle parti in causa) che il nome di Massimo Giuseppe Bossetti potesse già essere noto, anche solo a pochissimi soggetti, in ambito investigativo e sin dal 2010/2011.

Dato, quest'ultimo, che forse non assume alcun valore probatorio degno di nota, ma che, comunque, poteva essere perlomeno menzionato e valutato.

CAPITOLO 7:
PERCHE' SONO DA SCARTARE L'IPOTESI DELL'ERRORE DI LABORATORIO (E QUINDI DEL FRATELLASTRO, ANCORCHE' GEMELLO OMOZIGOTE) E DELLA CONTAMINAZIONE ACCIDENTALE DEI REPERTI

In questa vicenda di cronaca, come in tante altre, mi sono sempre prodigato affinché, almeno una parte dei nostri connazionali, potesse acquisire un'informazione un po' più corretta e comprendesse le clamorose e palesi violazioni dei diritti che si sono perpetrate e che si continuano a perpetrare nei confronti dell'odierno imputato: solo questo è il mio obiettivo. Non gioco con nessuna delle squadre in campo (i procedimenti penali, sin da sempre, dalla maggior parte dei "professionisti", sono vissuti come autentiche partite di calcio) e non mi definisco, quindi, né innocentista né colpevolista. Sono semplicemente un cittadino, come tanti altri, a cui interessa solo la verità e che spera che i diritti di tutti gli indagati/imputati siano sempre e ovunque rispettati.

Dal canto mio, più che fornire un minimo contributo ad una corretta informazione, non posso fare, ma mi acconto anche solo di questo: una capillare condivisione di queste informazioni e l'ampia diffusione che ne sta seguendo (in termini di comunicazione alternativa a quella ufficiale) possono certamente tornare utili in questa battaglia di libertà e civiltà.

E, forse, è proprio questo il motivo che mi spinge ad insistere.

Detto questo, e rilevato come nel caso in esame lo stesso deficit informativo e la poca chiarezza e trasparenza, ho avuto modo di constatarla da più parti, qui di seguito evidenzio il perché, a mio modo di vedere, non appaiono essere seriamente ipotizzabili, perlomeno da un punto di vista logico e statistico (ma, alla fine, anche scientifico), le ipotesi dell'errore di laboratorio, della contaminazione accidentale dei reperti o del fratellastro (con tanto di inseminazione artificiale al seguito).

Vediamo il perché di queste mie affermazioni.

1) Da un lato abbiamo i genetisti della difesa che ci forniscono alcuni dati e che arrivano a determinate conclusioni, dall'altro lato abbiamo quelli della parte civile e dell'accusa che ci forniscono altri dati e arrivano a conclusioni completamente opposte rispetto a quelle fornite dalla difesa.

Bene, chi siamo noi, quali mezzi abbiamo noi, comuni cittadini (magistrati, giornalisti, casalinghe, criminologi, avvocati, ecc) per fidarci più degli uni che degli altri? Non potendo disporre delle conoscenze scientifiche che posseggono i genetisti o i biologi (ma non disponendo nemmeno delle carte processuali) dovremmo solo rimanere in silenzio e, semmai, attendere fiduciosi l'esito di un' eventuale perizia (allo stato, clamorosamente non ancora concessa, nonostante lo stesso odierno imputato abbia reclamato la ripetizione delle analisi sotto forma di incidente probatorio – in fase di udienza preliminare – e poi anche in dibattimento - in primo grado - e in appello).

In riferimento a questo caso giudiziario (ma anche per gli altri), disponiamo, però, di due armi molto efficaci che, nella specie, possono tornarci davvero utili: la logica e la statistica.

E allora, proprio in base alla logica e alla statistica, vi dico che "appare quanto meno discutibile" che possa essere stato commesso un fondamentale errore di laboratorio o una contaminazione accidentale degli indumenti, perché sembra piuttosto inverosimile ipotizzare (e, infatti, nessun giudice lo ha fatto e sono convinto che mai lo farà) che sia stato commesso un errore decisivo di laboratorio (o che sia finito chissà come - accidentalmente - il DNA di Massimo Bossetti su quegli indumenti della vittima) quando poi il codice genetico nucleare che è venuto fuori da quel laboratorio nel maggio 2011 non è il codice genetico mio, vostro, di "un pescatore siciliano" o di altri 7 miliardi di individui esistenti nel pianeta terra, bensì il codice genetico di un uomo che, guarda caso, ha un furgone quasi identico a quello che passa da una via adiacente alla palestra proprio mentre la ragazzina era intenta ad uscire; che guarda caso è tra le 120.000 utenze attenzionate dagli inquirenti; che guarda caso fa il muratore, ecc. Appare quanto mai scontato che qualsiasi giudice popolare o togato, nonché qualsiasi uomo della strada dotato di un' intelligenza media, udito il parere pressoché unanime dei genetisti della Procura e della parte civile e con il semplice utilizzo della logica e della statistica, non può che arrivare alla conclusione che le ipotesi dell' errore (e quindi del fratellastro) e della contaminazione accidentale non hanno e non avranno mai alcun tipo di riscontro positivo, con il rischio, altrettanto evidente, che istanze istruttorie (richieste di perizie) giustificate solo dalla necessità di scoprire chissà quale errore (o chissà quale fratellastro) non potranno che essere rigettate, in qualsiasi sede, in quanto ritenute superflue.

2) Come già evidenziato più volte, nel caso di specie, in un'ottica difensiva, non rimane, quindi, che un' unica ipotesi prospettabili, anzi oserei dire fortemente prospettabile (sia da un punto di vista logico, statistico ma anche scientifico).

Quello estratto dai reperti è il DNA di Massimo Bossetti, ma dolosamente depositato da ignoto/i (per motivi sconosciuti ma anch'essi intuibili con l'uso della logica, ma anche della scienza) negli indumenti della vittima in epoca antecedente alla sua estrazione, ovvero in epoca antecedente al mese di maggio 2011, proprio con l'obiettivo di incastrare Massimo Bossetti.

Sgombriamo, quindi, definitivamente il campo dalla totale disinformazione sul punto: Massimo Giuseppe Bossetti è con ogni evidenza scientifica figlio di Giuseppe Guerinoni ed è con elevatissima probabilità scientifica (logica e statistica) ignotouno.

Il tentativo di screditare questi dati con argomentazione prive di ogni logica e di qualsivoglia supporto scientifico non può che suscitare nel giudicante, e nel popolo tutto, poca fiducia verso chi queste affermazioni continua a farle e verso chi queste affermazioni continua ad avallarle.

Se davvero le cose fossero andate secondo l'ipotesi qui prospettata (contaminazione dolosa degli indumenti), allora diventerebbe fondamentale (in un nuovo giudizio di appello) la perizia, per accertare, nei limiti del possibile, i tempi di deposito di questo materiale biologico e tutti gli ulteriori dati di assoluto interesse scientifico, ad oggi assolutamente poco chiari e trasparenti. Dopo la ripetizione delle analisi (che, con alto grado di credibilità razionale, escluderanno che il deposito di quel materiale biologico sia stato contestuale alla fase omicidiaria; che accerteranno la natura dello stesso e che chiariranno, una volta per tutte, le ulteriori "mostruosità scientifiche" che il caso presenta) diventerà molto più semplice per gli inquirenti (i quali, come è noto, si sono prodigati per anni in una lodevole e complessa attività di indagine) mettersi sulla strada maestra per individuare il/i colpevole/i di questo grave e odioso reato, assicurando alla giustizia il/i manipolatore/i della prova e, speriamo, quanto prima anche il/gli autore/i di questo efferato omicidio.

Da ultimo, vorrei ancora ricordare che tale ipotesi (quella della contaminazione dolosa) è fortemente prospettabile non solo da un punta di vista scientifico ma anche logico (i due - vittima e presunto carnefice - non si conoscevano affatto, due mondi completamente diversi; nessun messaggio, telefonata, ecc; nessuno li ha mai visti insieme; la dinamica omicidiaria prospettata dall'accusa è priva non solo di qualsivoglia logica ma anche di prove o indizi a supporto; manca completamente un movente che non sia altamente risibile; è stato processualmente accertato che Massimo Bossetti, non solo è incensurato, ma non ha mai avuto assolutamente alcuna tendenza alla pedofilia, non ha mai dato segno di essere un uomo violento ed è conosciuto da tutti come un uomo assolutamente mite, tranquillo, riservato, ingenuo, bonaccione.

Se davvero tutti vogliono solo la verità e non intendono raggiungere nessun altro obiettivo, continuare a far finta di non vedere e di non capire non è certamente il modo migliore per raggiungerla.

Se davvero si vuole la verità, si deve necessariamente concedere la ripetizione delle analisi (e non la sola perizia cartacea). Solo così potrà emergere la verità, se la si vuole davvero far emergere.

La sede per tali accertamenti, ormai, non può che essere quella di un nuovo giudizio di appello, ma, in tale evenienza, passerebbero ulteriori 2/3 anni.

A meno che non si voglia seriamente prendere in considerazione un'ulteriore soluzione prospettata qui nel paragrafo di seguito e che, allo stato, appare l'unica via di uscita affinché possa emergere immediatamente la manipolazione della prova.

Sgombriamo il campo anche da un'ulteriore sciocchezza che spesso capita di leggere: nessun complotto è stato ordito dagli inquirenti nei confronti di Massimo Giuseppe Bossetti, sia ben chiaro.

Qualcuno, nel 2011, ha convinto tutti gli altri che l'assassino di Y.G. sia colui il quale ha lasciato il suo materiale biologico sulle mutandine della ragazzina e che costui sia un abitante della zona.

Nessun complotto ordito dagli inquirenti per incastrare Bossetti e per "giustificare" l'ingente mole di fondi pubblici spesi.

Quando si è deciso di investire tutti questi milioni di euro, cioè dopo il mese di maggio 2011, il profilo genetico ignotouno era già stato tipizzato e, quindi, si disponeva già della traccia biologica di ignotouno/Bossetti (figlio legittimo di Ester Azzuffi e Giovanni Bossetti).

Mi spiego meglio: se Massimo Bossetti fosse stato, oltre che figlio legittimo, anche figlio naturale di suo papà, a lui sarebbero arrivati nel giro di pochi mesi (già nell'ottobre 2011 avevano individuato Damiano Guerinoni, ovvero il cugino di ignotouno/Massimo Bossetti) e investendo molti meno fondi pubblici.

Quindi, quando leggo che è stato cercato un colpevole a tutti i costi perché occorreva "giustificare" l'ingente investimento di fondi pubblici, leggo un'autentica sciocchezza. I milioni di euro investiti e tutto il tempo impiegato per arrivare ad ignotouno (tre anni) sono solo dovuti al fatto che c'è stato il problema della filiazione non legittima che ha notevolmente complicato l'individuazione di ignotouno, altrimenti all'individuazione del predetto ignoto sarebbero arrivati già nell'ottobre 2011 (cioè nel giro di pochi mesi) e con molti meno fondi pubblici investiti (sarebbero bastate poche migliaia di DNA prelevati).

Quindi nessun complotto per "giustificare" i soldi spesi e assicurare alla giustizia un colpevole qualsiasi.

Il materiale biologico di Massimo Bossetti è stato messo lì dove è stato rinvenuto da qualcuno (anche solo, una o due persone) che lo ha voluto incastrare ed è stato messo li necessariamente prima del mese di maggio 2011 (cioè necessariamente prima della data della sua estrazione) e, ovviamente, prima che venisse rinvenuto il cadavere della povera Y. G. (ovvero prima del 26 febbraio 2011).

Quello che è accaduto negli anni dal 2012 al 2017 è tutto chiaro e trasparente.

Occorre, invece, capire cosa sia successo dal 26 novembre 2010 al 26 febbraio 2011. Per capirlo appare quanto mai necessario ripetere le analisi genetiche sui campioni ancora disponibili (secondo gli stessi inquirenti e consulenti dell'accusa, ve ne sono ancora).

CAPITOLO 8:
LA NECESSITA' DI PROCEDERE CON UNA DENUNCIA CONTRO IGNOTI

A mio modo di vedere è assolutamente inopportuno nonché inutile che si continui a parlare di errori, inseminazioni artificiali, elogi e lodi al mitocondrio, satelliti, fratellastri et simila.

E' altrettanto inutile nonché assolutamente controproducente negare l'evidenza e continuare a sostenere che quello rinvenuto non sia il DNA di Massimo Giuseppe Bossetti.

Ora che la possibilità della concessione della perizia è del tutto svanita (io direi definitivamente, qualcuno ancora spera - ma, a mio avviso, assolutamente invano - che la Suprema Corte di Cassazione possa annullare la sentenza e rimettere le sorti di Massimo Bossetti ad un nuovo giudizio in Corte di Appello), occorre presentare denuncia contro ignoti per manomissione della prova scientifica. Così facendo, trovo davvero improbabile che non verrà fatta definitivamente luce su questa "prova" assolutamente anomala e controversa.

Un' eventuale archiviazione di questa auspicata denuncia dovrebbe avere, ovviamente, delle serie, valide e dettagliate argomentazioni giuridiche e scientifiche.

Se, invece, ci si limita solo a rivendicare diritti e ad evidenziare principi, purtroppo credo che continuerà ad essere tutto inutile (la condanna anche in Corte di Cassazione sarà automatica ed inevitabile).

Detto questo, mi auspico che si valuti seriamente l'opportunità di presentare denuncia contro ignoti per manomissione della prova scientifica del DNA, in modo tale che si possa fare definitivamente luce sulle tante ombre che si agitano intorno a questa prova scientifica.

CAPITOLO 9:
CHI SA QUALCOSA PARLI!

Allo stesso tempo, occorre diffondere il più possibile la qui presente trattazione anche per fare in modo di sensibilizzare chi sa o chi sospetta qualcosa ad andare a riferirlo a chi di dovere. Anche sotto forma di lettera o denuncia anonima, perché è impensabile che - laddove effettivamente posta in essere - nessuno sia al corrente di questa manipolazione della "prova" del DNA.

E allora, la speranza è che, in qualsiasi forma e con qualsiasi modalità, qualcuno si faccia avanti e riferisca agli addetti ai lavori, ma anche solo ai giornalisti, eventuali sospetti, voci e/o elementi dai quali dedurre tale circostanza.

CAPITOLO 10:
CONCLUSIONI

Che le analisi possano essere ripetute è un dato processualmente certo e accertato. Lo ha riferito il prof Casali (consulente dell'accusa) in udienza. Lo hanno ribadito i RIS, gli inquirenti più volte (anche la dott.ssa Asili, ha parlato di DNA in quantità abbondante), il PM (*"c'è tanto, tanto del suo DNA"*). Non basta la sola perizia cartacea per far emergere la verità, ma occorre necessariamente la ripetizione delle analisi. Eppure, da più di un anno, la ripetizione delle analisi viene negata all'imputato, nonostante egli la rivendichi in tutte le sedi quale UNICO (e sottolineo UNICO) strumento che ha per potersi concretamente difendere, per poter dimostrare la sua innocenza, ovvero che, in una fase concomitante alla dinamica omicidiaria, alcun suo materiale biologico sia mai finito su quegli indumenti analizzati. Nessuno mette in dubbio che il profilo genetico "ignotouno" sia altamente compatibile e sovrapponibile (per 21 marcatori autosomoci) a quello dell'odierno imputato. Non è affatto la compatibilità del profilo genetico nucleare che, da oltre tre anni, viene messa in discussione, bensì ci si limita solo ad evidenziare la circostanza in base alla quale appare assolutamente comprovato, da diverse evidenze scientifiche, come il materiale biologico dal quale è stato ricavato questo profilo genetico nucleare sia stato depositato sugli indumenti della vittima in epoca nettamente successiva alla fase omicidiaria. L'odierno imputato, i suoi difensori e il 70% della popolazione italiana (questa è la statistica risultante da diversi sondaggi) sono sempre più convinti che l'odierno imputato sia estraneo ai fatti attribuitigli. Pertanto, in seguito alla predetta denuncia (a questo punto quanto mai auspicabile e necessaria), che si ripetano le analisi sui campioni ancora disponibili, che si dia all'imputato l'UNICO strumento concreto, vero e reale che ha per potersi concretamente difendere e dimostrare, una volta per tutte, la sua innocenza.

Da ultimo, vorrei spendere due parole, manifestando tutta la mia stima, nei confronti della famiglia della povera vittima che, con molta compostezza e dignità, ha affrontato questa drammatica vicenda e, in qualità di cittadino, vorrei anche ringraziare le forze investigative che si sono adoperate in questa vicenda giudiziaria, dando vita ad una lodevole, complessa e monumentale attività di indagine (forse la più complessa attività di indagine - scientifica e tradizionale - in ambito internazionale che sia mai stata realizzata nella storia giudiziaria mondiale).

Ma sia ben chiaro, in questa sede, non si sta solo rivendicando il sacrosanto diritto di un uomo, di un nostro connazionale, di potersi finalmente e concretamente difendere, ma si sta tutelando la stessa giustizia, nonché i valori e i principi che da sempre caratterizzano tutti i Paesi liberi, civili e democratici.

Che si proceda con la denuncia contro ignoti e, senza alcuna paura, si faccia finalmente luce su questa famigerata prova scientifica. Dopo di che, qualora in seguito agli accertamenti così espletati, dovesse riconfermarsi la bontà dei risultati ottenuti dall'unico laboratorio che se ne occupò nel 2011 (ma ne dubitiamo fortemente, anzi siamo assolutamente convinti del contrario), allora che ergastolo sia. Ci mancherebbe altro. Personalmente non avrei dubbi in proposito.

Ma, attenzione, che ergastolo sia, ma non così, non a queste condizioni, perché, così facendo, non si rende giustizia ad alcuno ma, in nome di un'apparente funzionalità del sistema, si aumenta solo il rischio che, definitivamente, si sommi tragedia a tragedia.

Milano, 25 luglio 2017

Arles Calabrò

www.ingramcontent.com/pod-product-compliance
Lightning Source LLC
Chambersburg PA
CBHW061234180526
45170CB00003B/1294